Die Europäische Akademie für Sport und Training präsentiert

PRESSING IM FUSSBALL

- Verstehen, vermitteln & erfolgreich trainieren -

IMPRESSUM

Pressing im Fußball
Verstehen, vermitteln & erfolgreich trainieren

1. Auflage
ISBN: 978-3-944910-14-7

Inhalte & Übungen: Manuel Baum
Text: Michael Krasovic
Skizzen: Julian Schneider
Bilder: Nepomuk V. Fischer
Gestaltung, Layout & Illustrationen: Anna Maier
Herstellung und Verlag: 1x1PUBLISHING GmbH
Skizzen erstellt mit easy Sports-Graphics 7

1x1PUBLISHING GmbH
1x1SPORT - Europäische Akademie für Sport und Training
oinkfilm Filmproduktion
Tegernseer Landstr. 52
81541 München
Tel: +49 89 905 47 019
Fax: +49 89 905 47 028
Mail: info@1x1publishing.de
Web: www.1x1sport.de
store.1x1sport.de
www.oinkfilm.de

INHALT

PRESSING IM FUSSBALL - VERSTEHEN, VERMITTELN & ERFOLGREICH TRAINIEREN

BÄLLE EROBERN, GESCHICKT VERSCHIEBEN, KONTER VERHINDERN, TORCHANCEN KREIEREN. WER WEISS, WIE PRESSING FUNKTIONIERT, HAT EINEN VORTEIL. DESWEGEN SIND HIER DIE GRUNDLAGEN DES PRESSINGS EINFACH UND VERSTÄNDLICH ERKLÄRT IN BILD, SKIZZE UND TEXT! INKLUSIVE SPIELNAHEN ÜBUNGEN UND TIPPS ZUR VERMITTLUNG.

Ohne Taktik kein Erfolg. So viel steht fest. Pressing spielt dabei eine entscheidende Rolle, denn es ist das effektivste Mittel, um im Fußball zur Balleroberung zu gelangen. Ein Coach, der sich nicht intensiv mit Pressing beschäftigt, verspielt große Möglichkeiten, noch erfolgreicher zu sein.

Daher geht es in diesem Buch ausschließlich um taktische Pressing-Einheiten. Unser Taktik-Experte Manuel Baum hat die wichtigsten theoretischen Inhalte zum Thema Pressing für euch aufbereitet. Aber auch praktische Übungen sollen nicht zu kurz kommen, sodass ihr mit cleveren Laufwegen und der richtigen Strategie mit eurem Team zu schnellen Kontern kommen, geordnete Angriffe des Gegners verhindern und Torchancen kreieren könnt.

Wie wär's also mit den wichtigsten Grundlagen, Tipps, Übungen und Strategien zum Pressingverhalten aus mannschaftstaktischer Sicht? Taktisch klug oder? Also bitte.

DER COACH

ALLE INHALTE UND ÜBUNGEN STAMMEN AUS DER FEDER VON:

MANUEL BAUM – CHEFTRAINER NACHWUCHS FC AUGSBURG

In seiner Jugend spielt Manuel Baum für den TSV 1860 München. Trotz seines Wechsels nach Ismaning und einem anschließenden Jahr als Spielertrainer in Unterföhring, bleibt er gleichzeitig als Torwarttrainer bei den Löwen tätig.
Als Heiko Herrlich Cheftrainer in Unterhaching wird, holt er sich Wunschkandidat Manuel Baum mit ins Boot. Trotz der noch fehlenden Trainerlizenz spricht auch Präsident Manfred Schwabl Baum sein Vertrauen aus. Bis 2013 ist er zusammen mit Claus Schromm für die erste Mannschaft verantwortlich.
Nach einer Umstrukturierung im Verein übernimmt er das Amt des Cheftrainers, bevor er 2014 als frischgebackener DFB-Fußballlehrer seine Tätigkeit beim FC Augsburg aufnimmt. Dort ist der Taktikspezialist seitdem als Cheftrainer im Nachwuchsleistungszentrum des Erstligisten tätig.
Manuel Baum steht für erfolgreichen und modernen Fußball. Uns hat er sein Fachwissen, insbesondere aus den Bereichen Taktik, Training und Jugendarbeit, zur Verfügung gestellt und möchte damit allen Trainern helfen, die auf der Suche nach fundiertem Fußballwissen, professionellen Trainingsplänen und modernen Spielphilosophien sind.

THEORIE: DIE GRUNDLAGEN DES PRESSINGS

1. DIE DEFINITION VON PRESSING

Das Wort Pressing kommt vom englischen Verb „to press", das heißt Druck ausüben, zwingen, bedrängen. Folglich braucht man für erfolgreiches Pressing Druck und etwas, wozu man den Gegner zwingen will, beispielsweise lange Bälle zu schlagen oder allgemein etwas zu tun, was er nicht einstudiert bzw. eigentlich nicht machen will.

2. DIE SCHEMATISCHE EINORDNUNG DES PRESSINGS

Eine schematische Einordnung kann sowohl Trainern als auch den Spielern dabei helfen, die theoretischen Grundlagen des Pressings zu veranschaulichen und besser zu verstehen. Dabei geht es vor allem um die Folgen und Anschlussaktionen geglückter oder missglückter Aktionen innerhalb des Pressing-Systems.

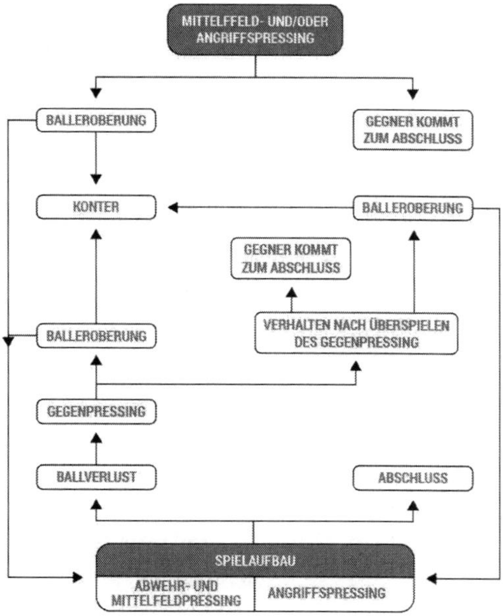

Ganz vereinfacht dargestellt, gibt es immer nur zwei Optionen. Man kann die Grafik auf zwei Arten lesen:

Von oben: Gegner ist in Ballbesitz.

Von unten: Eigenes Team ist in Ballbesitz und befindet sich im Spielaufbau.

Ausgehend vom Ballbesitz des Gegners, kann das eigene Team entweder den Ball mithilfe einer Pressing-Variante erobern oder der Gegner kommt zum Abschluss. Bei erfolgreicher Balleroberung kann das eigene Team entweder direkt einen Gegenangriff (Konter) starten oder durch einen Rückpass das Spiel neu aufbauen. Letzteres erzeugt wiederum neue Optionen, die veranschaulicht werden, wenn man das Schema von unten betrachtet.

Die erste Möglichkeit ist, dass das eigene Team zum Abschluss kommt. Option zwei besteht darin, dass man den Ball verliert (wenn der Gegner erfolgreich presst). Ist dies der Fall, gibt es wieder zwei Optionen: Fallen lassen (nicht im Schema) oder versuchen, den Ball durch Gegenpressing sofort zurückzuerobern. Gelingt dies, gibt es wieder die bereits angesprochenen Optionen Konter oder Rückpass/ Spielaufbau. Ist das Gegenpressing nicht erfolgreich, kommt der Gegner entweder zum Abschluss oder euer Team ist in der Lage, den Ball, bevor es dazu kommt, zu erobern. Eine Balleroberung resultiert dann wieder in den bereits bekannten Optionen Konter oder Rückpass/ Spielaufbau.

Mit diesem vereinfachten Schema kann man sich selber und den Spielern einen schnellen Überblick über die offensiven und defensiven Optionen, die sich aus einem strukturierten Pressing-System ergeben, verschaffen.

3. ZIELE DES PRESSINGS

Das wichtigste Ziel des Pressings ist schnell beschrieben: Balleroberung. Weiterhin kann man den Gegner zu einer bestimmten Spieleröffnung oder Aktion zwingen.
Pressing ermöglicht es auch, Raum und Zeit für den ballführenden Spieler zu verknappen und ihn so unter Druck zu setzen, was durch das Schaffen von Überzahlsituationen noch verstärkt wird. So provoziert man Fehlpässe und erhöht die Chance einer Balleroberung. Die Wahrscheinlichkeit einer Balleroberung steigt, je näher man am eigenen Tor presst. Dadurch steigt aber auch die Gefahr, dass der Gegner zum Abschluss kommt.

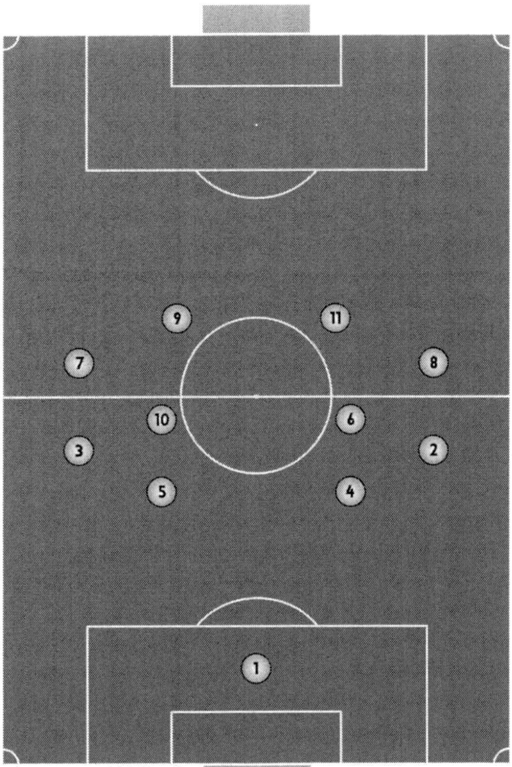

Für unsere Beispiele wählen wir ein 4-4-2 flach. Wichtig ist vor allem die erste Abwehrreihe, bestehend aus den beiden Stürmern (9 & 11) und den äußeren Mittelfeldspielern (7 & 8).

4. PRESSINGARTEN

Vier Varianten werden behandelt:

- Abwehrpressing
- Mittelfeldpressing
- Angriffspressing
- Mittelfeldpressing mit situativen Angriffspressing

Durch die Variabilität im Pressing kann man sich individuell auf den nächsten Gegner und sogar auf einzelne Spieler des Gegners einstellen.

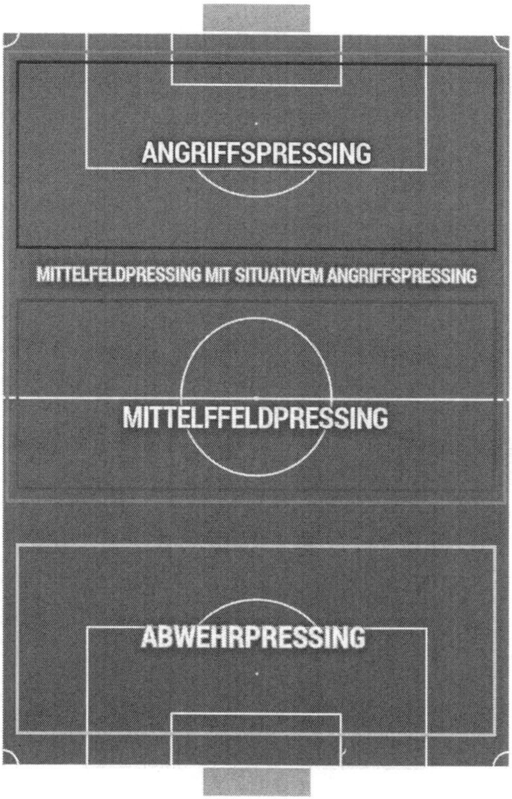

4.1 ABWEHRPRESSING

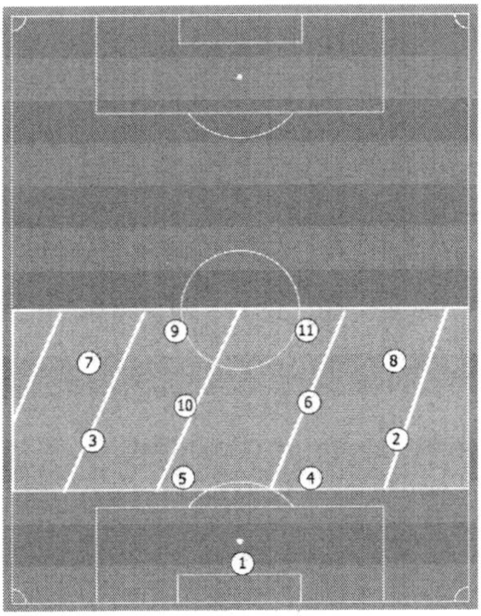

Es wird davon ausgegangen, dass die verteidigende (weiße) Heimmannschaft in einem 4-4-2 flach spielt und die angreifende (blaue) Mannschaft in einem 4-2-3-1.

Beim Abwehrpressing stehen die Stürmer kurz vor Höhe der Mittellinie und die Abwehrspieler kurz nach dem Sechzehner. Dieser Bereich ist die Zone des Abwehrpressings.

Das Abwehrpressing ist eine gute Möglichkeit, um den Gegner „rauszulocken", da der Bereich vor dem Tor des Gegners frei wird. Nach einer Balleroberung müssen die Spieler versuchen, in diesen leeren Bereich zu spielen.

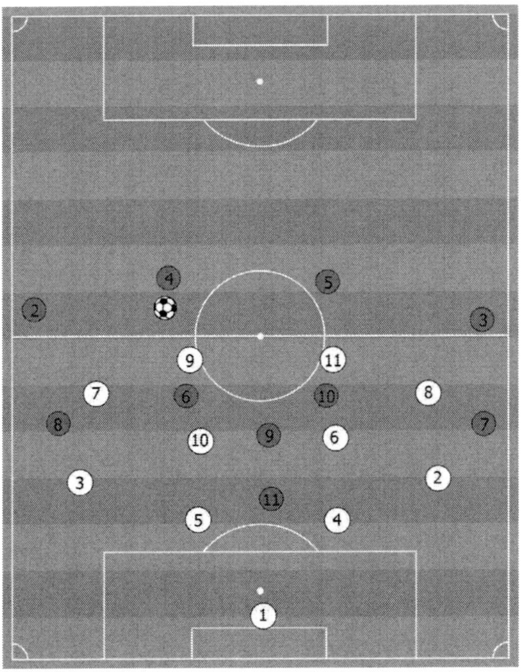

Die Ausgangsposition:

Die Spieler der weißen Mannschaft müssen nun versuchen, das Spiel nach außen zu lenken.

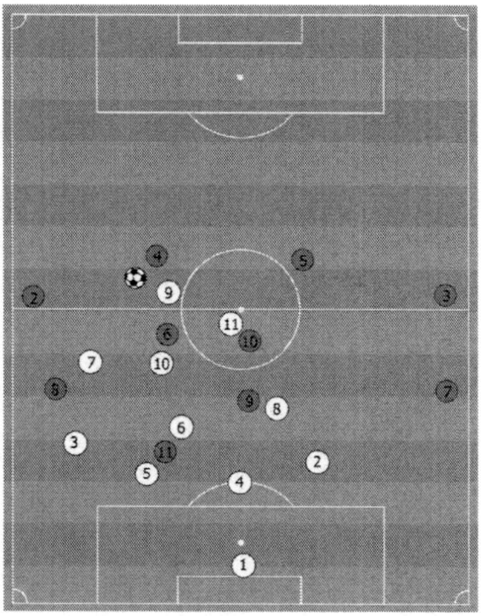

Dazu sollten sie den Gegner so attackieren, dass er nur nach außen spielen kann. Die restliche Mannschaft muss in diesem Fall mitschieben, bestimmte Gegenspieler doppeln und die Passwege der Gegner zustellen. Der ballnahe Innenverteidiger muss überlappend stehen. So stehen die Chancen höher, dass er den Zweikampf gegen den Gegner gewinnt, weil er bereits leicht versetzt vor ihm steht und einen kürzeren Laufweg hat, sollte der lange Ball kommen. Der ballentfernte Innenverteidiger muss dagegen absichern, falls der Ball in die Mitte gespielt wird. So wird die Unterzahlsituation zu einer Gleichzahl umgewandelt.

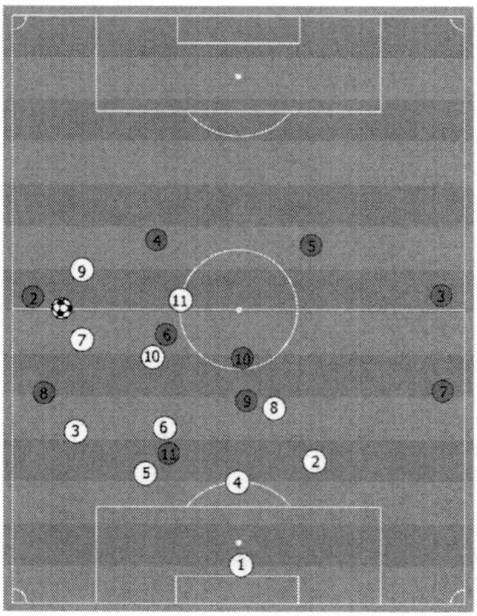

Wieder muss die Mannschaft den Ball nach außen lenken und der Stürmer muss den Passweg zum gegnerischen Stürmer zustellen. Die Mannschaft muss verhindern, dass der Gegner auf die andere Seite spielen kann. Dazu sollte der mittlere Spieler (blaue 6) von zwei Seiten gedeckt werden, dass er keine Möglichkeit hat, den Ball zurück und auf die andere Seite zu spielen.

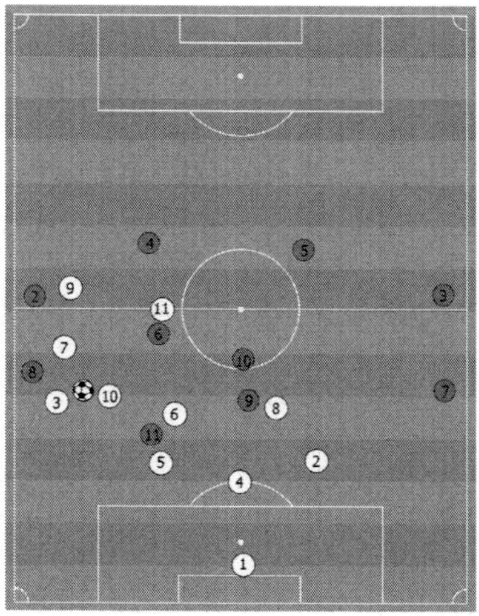

Wenn der Ball z.B. bei Spieler 8 erobert werden soll, muss dieser Spieler gedoppelt werden und der ballnahe Sechser (Nummer 10) muss nach hinten abkappen, um sicherzustellen, dass der Stürmer (blaue 11) nicht anspielbar ist. Ziel ist die Balleroberung mit anschließender Kontermöglichkeit.

4.2 MITTELFELDPRESSING

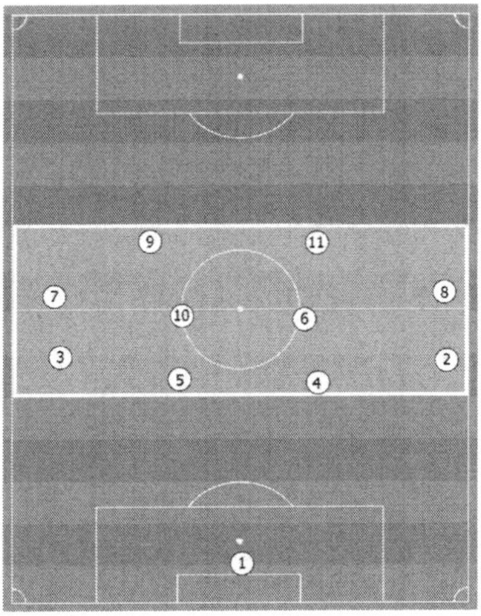

Die Grundordnungen bleiben gleich. Wieder spielt weiß (ihr) in einem 4-4-2 flach und blau in einem 4-2-3-1.

Der Bereich für das Mittelfeldpressing erstreckt sich etwa um die Mittellinie herum. Die Pressingzone beginnt etwa drei Schritte vor dem Mittelkreis. In dieser Zone soll der Gegner unter Druck gesetzt werden und der Ball erobert werden.

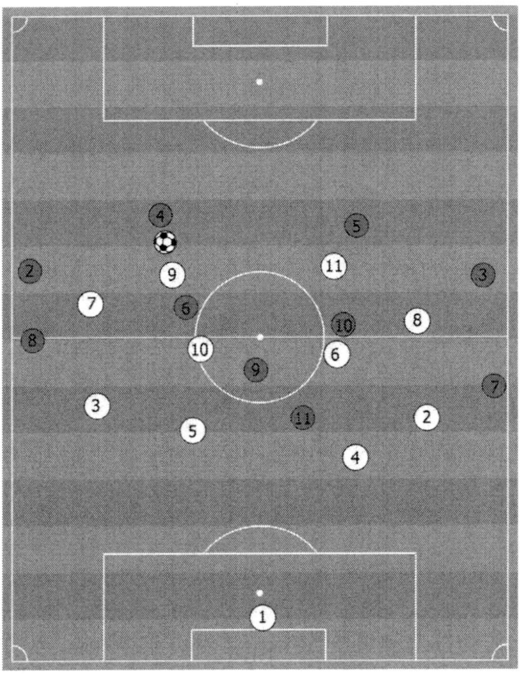

Die Ausgangsposition

Die Spieler müssen eng und kompakt stehen. Das bedeutet, dass die Abstände zwischen den Spielern nicht zu groß sein dürfen, um schnell doppeln und den Ball erobern zu können. Man stellt fest, dass sich die Situation, die zuvor beim Abwehrpressing in der eigenen Spielfeldhälfte stattgefunden hat, weiter in die Mitte des Spielfeldes verlagert hat. Dementsprechend ist der freie Raum vor dem gegnerischen Tor kleiner. Nach Balleroberung sind also genaue Pässe gefragt, da der mitspielende Torwart den Ball sonst abfangen könnte.

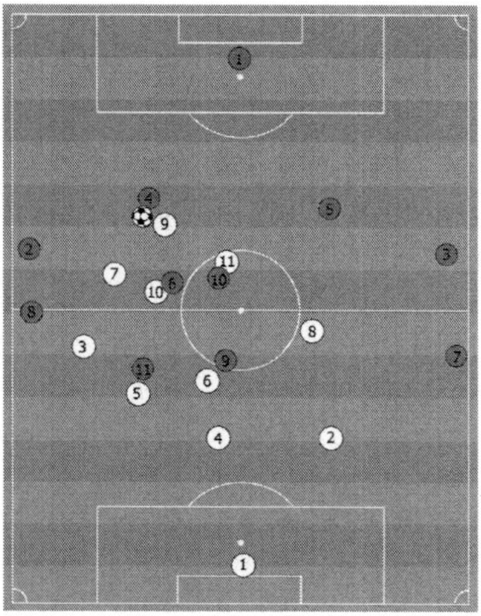

Das Mittelfeldpressing folgt genau denselben Prinzipien wie das Abwehrpressing. Die Spieler lenken den Ball nach außen. Die ballnahe, blaue 6 wird von eurer Nummer 10 gedeckt. Der Innenverteidiger muss wieder leicht überlappend stehen, um einen langen Ball verteidigen zu können. Der ballentfernte Innenverteidiger sichert ab. Die weiße 6 blockiert den Passweg zum blauen 9er und euer anderer Stürmer, die Nummer 11, verhindert den Pass auf die blaue 10.

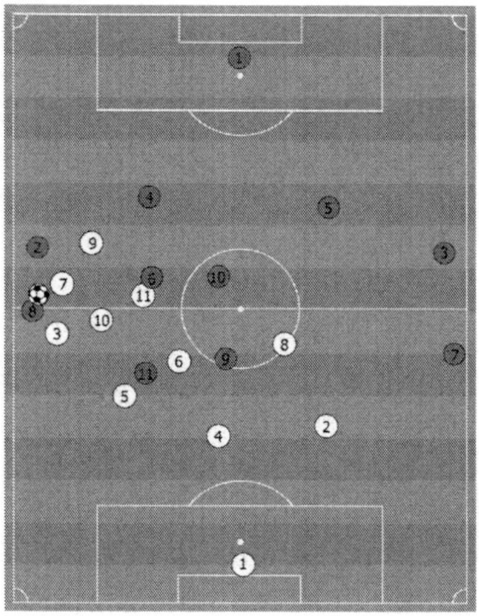

Wenn der Gegner nun die Nummer 2 anspielt, wird sie vom ballnahen Stürmer und dem offensiven Außenspieler gedoppelt, während die anderen Spieler wieder mitschieben. Der ballentfernte Stürmer (11) muss auf die gegnerische 6 schieben, um den Pass auf die andere Seite zu unterbinden.

Für den Fall, dass die blaue 2 zu ihrem Mitspieler mit der Nummer 8 spielt, muss diese von den Spielern 7 und 3 gedoppelt werden. Der andere Teil der Mannschaft versucht wieder die Passwege nach dem gleichen Muster wie zuvor zuzumachen.

Abwehr- und Mittelfeldpressing sind vom Prinzip her gleich. Einziger Unterschied ist, dass das Abwehrpressing in der eigenen Spielfeldhälfte stattfindet und das Mittelfeldpressing im Bereich der Mittellinie in beiden Spielfeldhälften.

4.2.1 AUSLÖSERSIGNALE

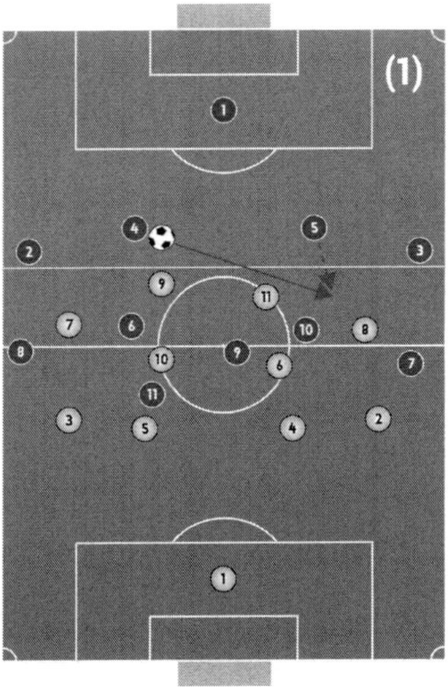

Wie kann die Mannschaft erkennen, wann sie pressen soll?
Hierfür gibt es verschiedene Auslösersignale, die wir uns nun näher ansehen wollen.

(1) Die erste Situation, in der das Pressing ausgelöst wird, ist ein gegnerischer Pass in die entsprechende Zone.

(2) Ein weiterer Auslöser ist ein Dribbling des Gegners in die Zone hinein.

(3) Bei der dritten Pressing auslösenden Situation betritt der Gegenspieler mit dem ersten Ballkontakt nach einem Pass die Zone.

Einfacher gesagt: Sobald der Gegner die Zone mit Ball betritt, wird er attackiert.

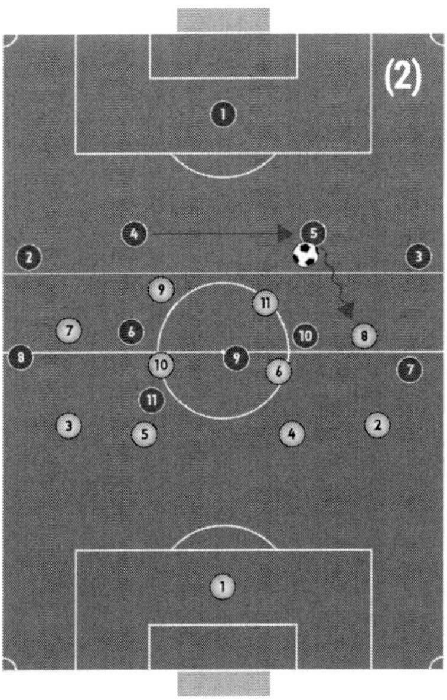

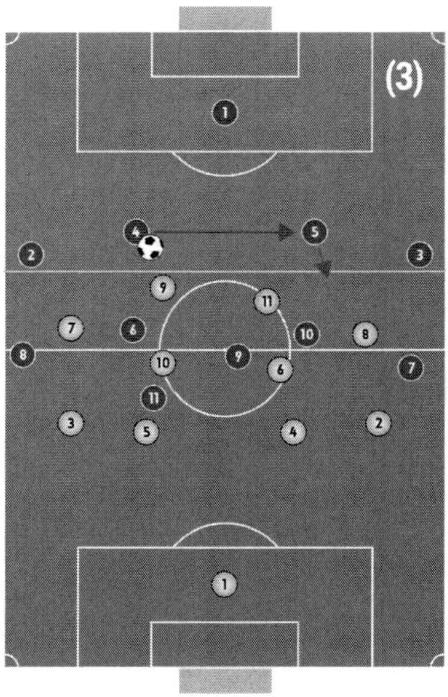

Die beiden Stürmer kümmern sich dabei um die gegnerischen Innenverteidiger, die Mittelfeldspieler auf der Außenbahn um die gegnerischen Außenverteidiger.

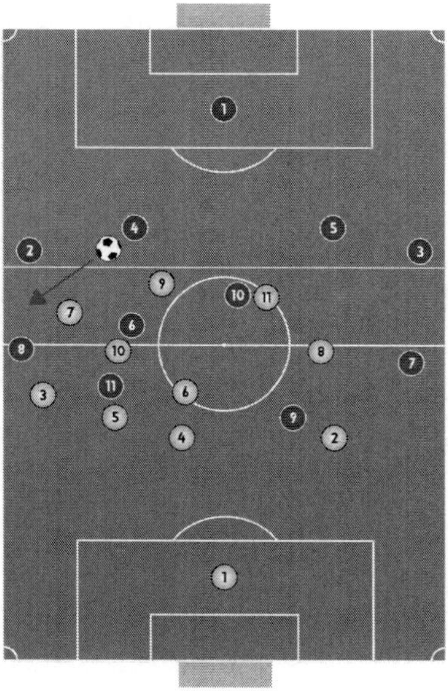

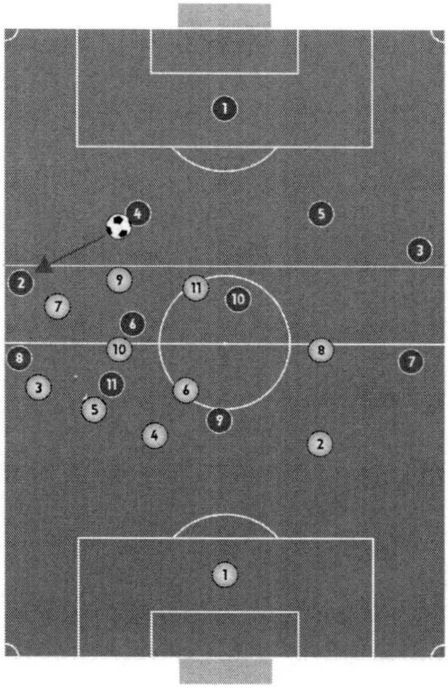

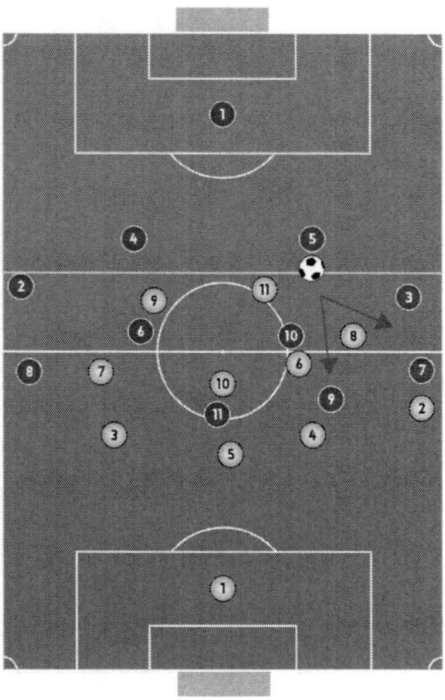

Ein häufig auftretendes Problem für die äußeren Mittelfeldspieler besteht darin, dass sie gleichzeitig durch horizontale Bewegung den Passweg des gegnerischen Innenverteidigers zum Stürmer zustellen müssen, aber gleichzeitig noch durch vertikale Bewegung dafür sorgen müssen, nahe genug am gegnerischen Außenverteidiger zu sein, um ihn rechtzeitig anlaufen zu können, sollte er angespielt werden.

Wenn der Pass auf den Außenverteidiger gespielt wird, ist das gleichzeitig ein Signal für den Stürmer (9), nach außen zu rücken, um den Außenverteidiger mit dem eigenem Außenmittelfeldspieler doppeln zu können. Für den Stürmer hat das den Vorteil, dass er bei Balleroberung die Möglichkeit hat aufzudrehen, da der Innenverteidiger weit genug weg ist und sich vielleicht sogar fallen gelassen hat, um wieder anspielbar zu sein.

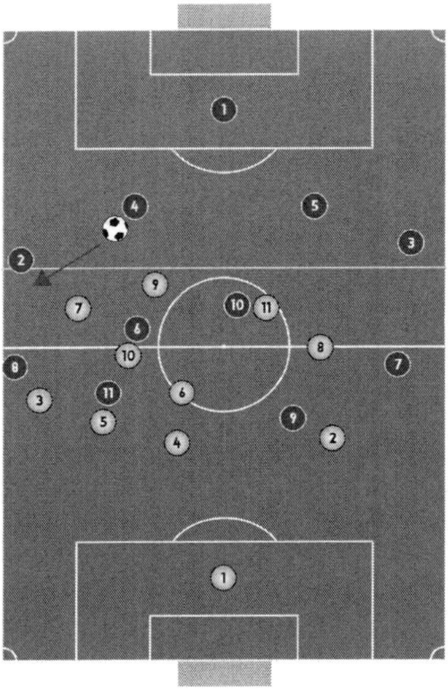

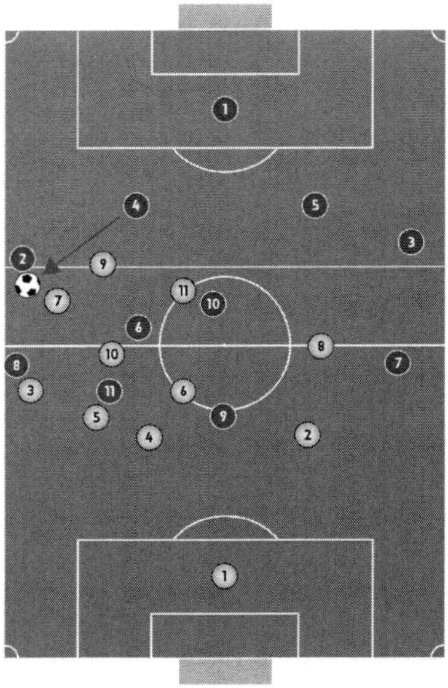

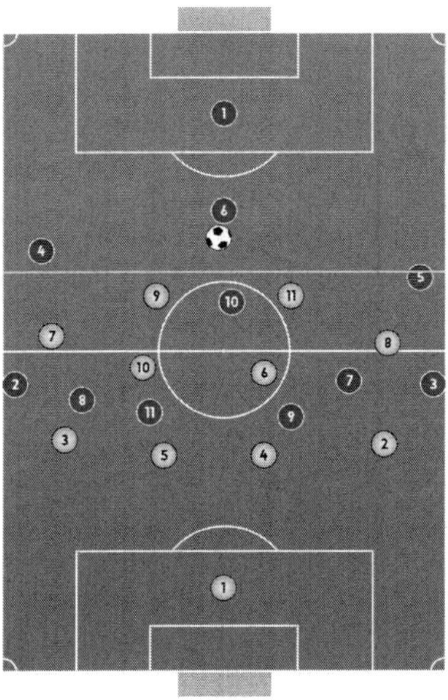

4.2.2 PROBLEME IM MITTELFELD-PRESSING

In letzter Zeit ging die Entwicklung im Spielaufbau immer weiter hin zu mehr Variabilität, es wird nicht mehr jedes Mal über vier Spieler aufgebaut, sondern teilweise auch über drei.

Bei der Dreierkette entsteht dadurch, dass die äußeren Mittelfeldspieler nach wie vor von den Außenverteidigern gebunden sind, eine Überzahlsituation in Form eines drei gegen zwei für die gegnerische Abwehr (zwei

Innenverteidiger & zurückgefallener Sechser vs. zwei Stürmer). Diese Überzahlsituation lässt sich Schritt für Schritt bis ganz vorne ausspielen.

Um das zu verhindern, kann man in ein situatives Angriffspressing übergehen. Da die Pässe in der Verteidigung normalerweise nach außen gespielt werden, wird der äußere Verteidiger bei Ballbesitz vom Stürmer angelaufen, der andere Stürmer läuft den zentralen Verteidiger bzw. abgefallenen Sechser an, der Rest der Mannschaft verschiebt auf die Seite des Balls. Auf diese Weise schafft man in dieser Zone des Spielfelds Eins-gegen-Eins-Situationen und hat dahinter sogar eine Überzahlsituation.

4.2.3 KILLER DES MITTELFELDPRESSINGS

Ein Ziel des Mittelfeldpressings ist es, dass der Gegner eine Spielverlagerung nur über die eigene Viererkette vornehmen kann und man so immer noch alle Spieler hinter dem Ball hat. Wenn der Gegner es schafft, das Spiel durchs Zentrum bzw. nach vorne zu verlagern, rückt man automatisch nach hinten, da man immer weniger Spieler hinter dem Ball hat.

Ein weiteres Problem sind lange Bälle, da so die Pressingzone einfach und schnell überwunden werden kann.

Zudem kann Mittelfeldpressing nicht erfolgreich sein, wenn der Ball während der Balleroberung ins Aus gelangt, ein Foul passiert oder man keinen Druck auf den Ballführer ausübt bzw. nicht alle mitmachen.

4.3 ANGRIFFSPRESSING

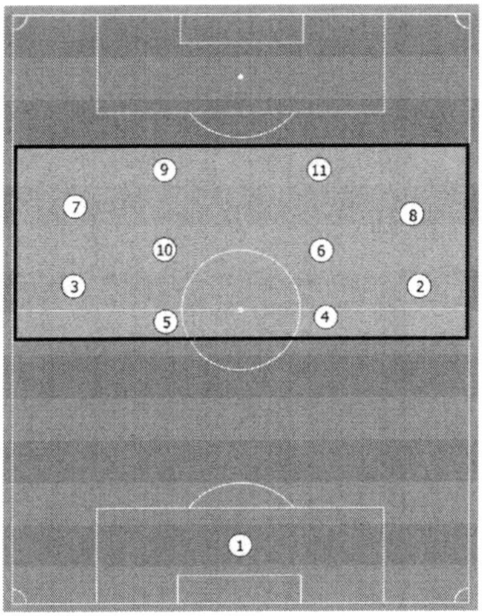

Wir bleiben bei einem flachen 4-4-2 gegen ein 4-3-2-1.

Wenn man das Angriffspressing mit dem Mittelfeldpressing vergleicht, findet man die gleiche Struktur und die gleichen auslösenden Signale, aber das Ganze findet ein paar Meter höher und mit größerer Intensität statt. Wichtig ist dabei, dass das Pressing bewusst ausgeführt wird und die Spieler sich nicht nur auf den ballführenden Spieler fixieren, sondern auch die anderen Spieler mit den dazugehörigen Passwegen im Auge behalten.

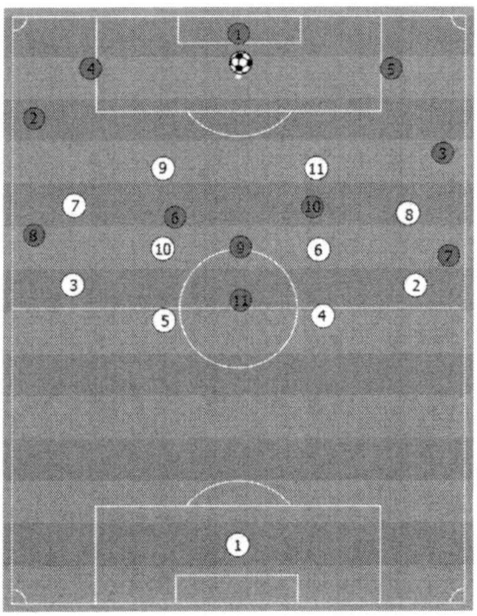

Die Ausgangsposition

Die Innenverteidiger stehen auf Höhe der Mittellinie und die Stürmer kurz vor dem gegnerischen Sechzehner. Das Angriffspressing findet größtenteils in der gegnerischen Spielfeldhälfte statt. Die Gefahr beim Angriffspressing ist, dass der Gegner den recht großen, freien Raum vor dem Tor ausnutzen kann, um den Ball in einer Kontersituation dorthin zu spielen.

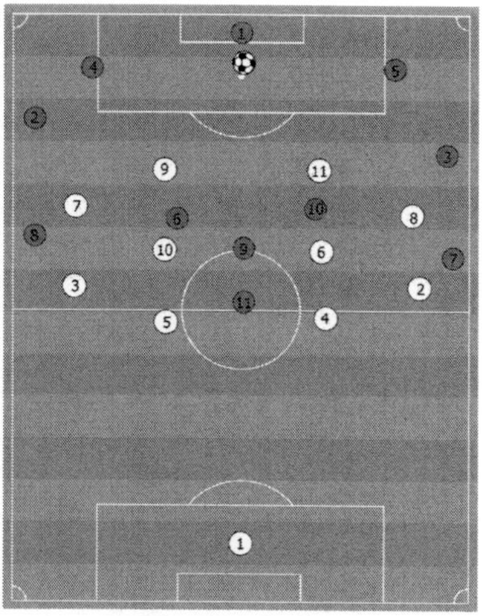

Ein klassischer Auslöser für das Angriffspressing ist der Abstoß. Viele Mannschaften machen aber einen Fehler: Sobald der gegnerische Torwart zu einem Mitspieler passt, rennen beide Stürmer der weißen Mannschaft auf den Spieler zu. So geraten sie um die Mittellinie herum in eine Unterzahlsituation und laufen Gefahr, nicht mehr an den Ball zu kommen, falls die blaue Mannschaft einen langen Ball nach vorne spielt.

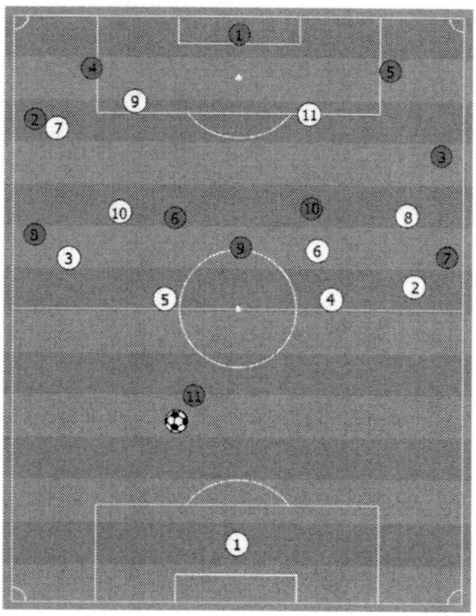

Um dies zu verhindern, sollte die weiße 9, nachdem der Torwart den Ball zu der blauen 4 gespielt hat, sofort auf diese zulaufen. Der ballnahe Innenverteidiger (5) steht überlappend, um eben diesen langen Ball nach vorne abfangen zu können. Der ballentfernte Innenverteidiger muss den ballnahen Innenverteidiger absichern. Der rechte Außenverteidiger geht zusätzlich in die Mitte. Die anderen Spieler rücken nach und decken die gegnerischen Spieler.

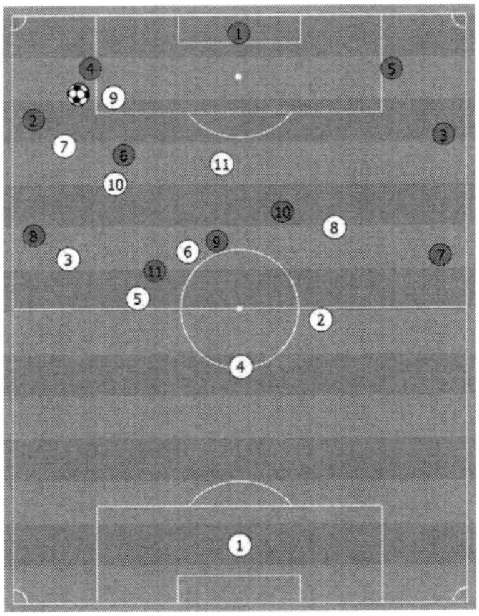

Ein mögliches Kurzpassspiel wird durch das geschickte Verschieben nach den gleichen Mustern wie zuvor ebenfalls gestört. Sollte der Ball beispielsweise auf die blaue 11 oder 9 kommen, kann die weiße 6 sofort Druck auf beide ausüben. Eine Intention des Angriffspressings ist es, einen ungefährlichen langen Ball in die eigene Spielfeldhälfte zu erzwingen.

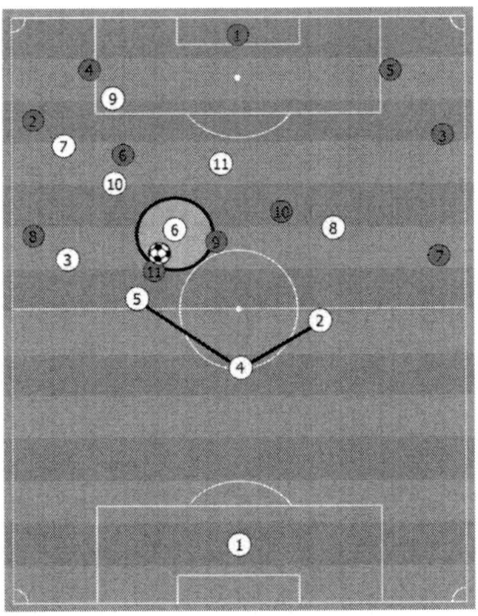

Es wird auf eine „3+1 Positionsbesetzung" gesetzt: Die weiße 5, 4 und 2 sichern die Situation ab, während die weiße 6 vor der Kette als eine Art „Blocksicherung" steht.

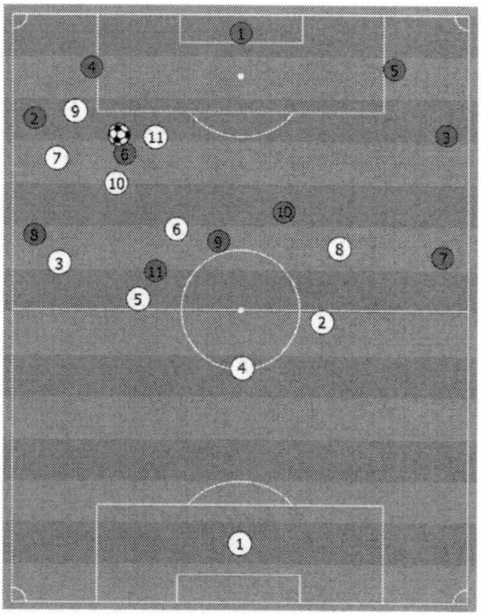

Spielt die blaue 4 auf die blaue 2, muss die weiße 9 den Passweg zur blauen 4 zumachen und die weiße 7 die blaue 2 anlaufen. Die weiße 9 und 7 doppeln gemeinsam die blaue 2. Der ballentfernte Stürmer (11) schiebt Richtung Mitte, um den Pass auf die blaue 6 zu verhindern bzw. sie sofort stören zu können.

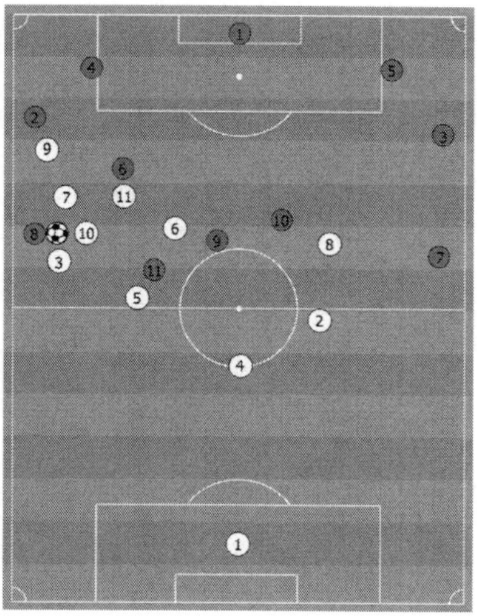

Spielt die blaue 2 den Ball allerdings auf die blaue 8, müssen die weiße 7 und 3 doppeln und die weiße 10 blockiert den Passweg auf die blaue 11.

4.3.1 KILLER DES ANGRIFFSPRESSINGS

Sowohl hohe Bälle über die Zone, als auch flache, tiefe Bälle vor die Kette stellen eine große Gefahr dar, besonders wenn die eigenen Sechser aufgerückt sind.

Auch schnelle Spielverlagerungen sind gefährlich, weil nach wie vor jeder Spieler angelaufen muss. Wenn das in einem Spiel öfter vorkommt, wird es aufgrund der hohen Intensität sehr ausdauerintensiv und anstrengend. Natürlich sind auch beim Angriffspressing ein Ausball, ein Foul oder die Tatsache, dass nicht alle mitmachen, „tödlich".

4.4 MITTELFELDPRESSING MIT SITUATIVEM ANGRIFFSPRESSING

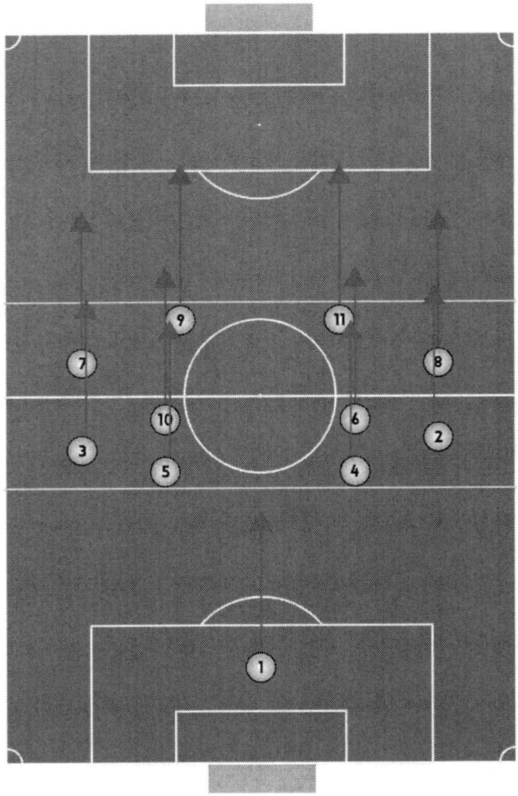

Hierbei handelt es sich um eine Mischform aus Mittelfeldpressing und Angriffspressing.
Nach bestimmten Signalen wird dabei die Mittelfeldpressing-Zone in Richtung des gegnerischen Tors verlassen.
Um aus dem Mittelfeldpressing in das Angriffspressing zu gehen, müssen die Spieler die richtigen Signale erkennen.

Auslösersignale:
Eine geeignete Situation ist beispielsweise, wenn der Gegner das Spiel über eine dynamische Dreierkette aufbauen will, also der Sechser sich zwischen die Innenverteidiger fallen lässt. Der Pass des Sechsers auf einen der Innenverteidiger ist dabei das Signal, dass die Stürmer den ballführenden Innenverteidiger und den Sechser anlaufen, was meistens entweder einen Ballgewinn oder einen weiten Ball des Innenverteidigers zur Folge hat.
Eine weitere Möglichkeit besteht darin, sich in der gegnerischen Mannschaft ein „Pressingopfer" auszusuchen, zum Beispiel wenn der linke Innenverteidiger ein Rechtsfuß ist. Sobald er den Ball dann auf dem linken Fuß hat, wird angelaufen.
Es kann sich auch lohnen, bei Abwürfen des Torwarts den Ballempfänger sofort anzulaufen, wenn der Ball springt, da in diesem Fall die Ballannahme oft Probleme bereitet.
Auch wenn Einwürfe zugestellt werden, handelt es sich eigentlich bereits um eine Form von situativem Angriffspressing.
Falls der ballführende Gegenspieler mit dem Rücken zu seinem Tor steht, sollte man ihn auch unter Druck setzen. Aber auch technische Fehler bei der Ballverarbeitung, bei Pässen oder beim Dribbling sind klassische Auslösersignale für Pressing.

5. SIGNALWÖRTER FÜR DAS PRESSING

Signalwörter können natürlich selbst gewählt werden, an dieser Stelle werden lediglich Beispiele vorgestellt. Wichtig ist nur, dass ihr euch auf Wörter einigt und sie in den richtigen Situationen auch verwendet, da Pressing nur funktioniert, wenn alle mitmachen.

„Druck": Tritt eines der Auslösersignale auf, rufen alle Spieler „Druck", das Pressing beginnt und die Balleroberung wird gesucht.

„Dreierkette": Verändert der Gegner das Spielerzahlenverhältnis in der ersten Angriffsreihe von zwei oder vier Spielern auf drei Spieler, rufen alle Spieler „Dreierkette".

„Kompakt": Die Stürmer stehen zu weit vorne oder die Innenverteidiger zu weit hinten. Auf diese Weise spart man sich lange Erklärungen und jeder Spieler weiß sofort, was gemeint ist.

Wer Pressing trainiert, wird feststellen, dass das Spiel dadurch deutlich laufintensiver wird. Deshalb sind neben einer guten Grundlagenausdauer Signalwörter der Schlüssel dafür, das geplante Pressing über die Dauer des Spiels durchzuhalten.

6. AUSWAHL DER OPTIMALEN PRESSING-ART FÜR DAS SPIEL

Bei der Auswahl richtet man sich nach der Spielform des Gegners.

SPIELAUFBAU	TECHNISCH	PRESSINGART
flach variabel	+	AP
flach variabel	-	MFP, MFP +sit. AP
flach nicht variabel	+	AP
flach nicht variabel	-	MFP, MFP + sit. AP
lange Bälle	0	AP

Bei flachem, variablem und technisch gutem Spiel will man den Gegner nicht in seine Muster im Mittelfeld kommen lassen, weshalb man früh vorne draufgeht. Wenn der Gegner technisch weniger versiert ist und womöglich viele Fehler macht, wartet man in Form eines Mittelfeldpressings ab und kann Fehler durch situatives Angriffspressing eiskalt ausnutzen.

Das gleiche gilt für weniger variables Spiel: bei technisch starken Gegnern durch Angriffspressing früh stören, bei technisch schwachen im Mittelfeldpressing auf Fehler warten.

Auch bei Gegnern, die viele lange Bälle spielen, empfiehlt es sich im Angriffspressing zu attackieren, da die Pressingzone mit großer Wahrscheinlichkeit sowieso überspielt wird. Da ist es natürlich besser, wenn der Ball weiter vom eigenen Tor weg wieder runterkommt. Bei langen Bällen ist es wichtig, dass der eigene Sechser zwischen Ball und Gegner steht, um bei einem Kopfball des Verteidigers den zweiten Ball erobern zu können. Sollte der Gegner diesen Ball erobern, kann er mit Tempo die Innenverteidiger anlaufen, was eine große Gefahr darstellt.

Das sind natürlich nur Empfehlungen, die sich aber über die Jahre bewährt haben.

PRAXIS: PRESSING RICHTIG TRAINIEREN

1. VERMITTLUNG, DURCHFÜHRUNG UND NACHBETRACHTUNG

Es empfiehlt sich, zuerst das Mittelfeldpressing einzustudieren, weil man sowohl in das Angriffs- als auch in das Abwehrpressing gehen kann, sobald das Mittelfeldpressing funktioniert. Da die Laufwege und die Reaktion auf die einzelnen Spielzüge schwieriger sind, sollte man nicht mit dem Erlernen des Angriffspressings beginnen.

Vermittlung:
Um den Spielern das Erlernen so einfach wie möglich zu machen, empfiehlt es sich bei der Einführung alle drei Wahrnehmungstypen zu bedienen, also zu visualisieren (zum Beispiel an der Taktiktafel), zu erklären und zu spüren, also das theoretisch gelernte auch regelmäßig auf dem Platz umzusetzen.
Zudem muss man sich als Trainer entscheiden, ob man die Inhalte induktiv oder deduktiv vermitteln will, also ob man einfach nur erklären will, oder ob die Spieler selbst auf die Lösung kommen sollen, etwa durch Fragen des Trainers, wodurch meistens mehr hängen bleibt.

Durchführung:
Außerdem ist es für die Spieler wichtig, das Gelernte im Elf gegen Elf zu sehen und umzusetzen, da es für sie schwer ist, einzelne Übungen direkt auf das Spiel zu übertragen und jederzeit zu wissen, wo man sich dabei auf dem Platz befindet. Natürlich sind ein paar Übungen nicht verkehrt, vor allem am Anfang, aber mit dem richtigen „Coaching“ ist das Üben unter realen Bedingungen die effektivste Art, Pressing zu trainieren.

Nachbetrachtung:
Vor allem bei Einführungen kann es sich lohnen, Videoaufzeichnungen zu machen und den Spielern die Aufnahmen hinterher zu zeigen. Das liegt vor allem an den oft großen Unterschieden zwischen Eigen- und Fremdwahrnehmung, wo es zu deutlichen Verbesserungen führt, wenn der Spieler seine eigenen Fehler aus einer anderen Perspektive sehen kann.

2. ÜBUNG: VERSCHIEBEN IM 11 GEGEN 11

Wenn das Verschieben im Elf gegen Elf trainiert wird, kann jeder einzelne Spieler lernen, wie er in den verschiedenen Situationen stehen und verschieben muss. Besonders am Anfang klappt es am besten, wenn man bei langsamen Spieltempo immer wieder unterbricht und erklärt. Am Anfang kann man wirklich nach jedem Pass unterbrechen und die im Theorieteil beschriebenen Laufwege von jedem Einzelnen durchgehen.

Außerdem sollte man die ausgewählte Pressingzone mit Hütchen markieren. Denkt auch im Training und trotz des langsamen Tempos an eure Signalwörter. So kann man nach und nach unterschiedliche Situationen, wie zum Beispiel das Verhalten bei Dreierkette mit den dazugehörigen Auslösersignalen, durchspielen. Beim Nachwuchs des FC Augsburg ist es unter Manuel Baum üblich, die ersten zwei Wochen der Vorbereitung am Anfang jeder Trainingseinheit zehn Minuten das Verschieben im Elf gegen Elf zu trainieren und zusätzlich während der Saison an jedem Freitag vor Punktspielen weitere zehn Minuten. Wenn man dabei weiß, dass der nächste Gegner beispielsweise mit Dreierkette spielt, kann man sich so noch individueller auf das Spiel vorbereiten.

3. ÜBUNG: ANTIZIPATIONSTRAINING

Man kann lernen, die unbewussten Signale eines Gegners zu lesen und auszunutzen.
Das Training gibt einem Spieler die Möglichkeit zu erahnen, wohin ein Gegner den Ball passen wird, indem er darauf achtet, wohin der Gegner schaut. Sieht er erst zu einem Mitspieler und dann nach unten zum Ball, wird er seine Entscheidung mit sehr hoher Wahrscheinlichkeit nicht mehr ändern. Mit diesem Wissen kann der Spieler bereits loslaufen, um einen Vorsprung zu haben. Um diese Fähigkeit zu trainieren, bietet sich folgende Übung an.

Coach: Manuel Baum
Material: 6 Hütchen, Bälle
Spieleranzahl: 3 (in der Variante 4)

Aufbau & Ausgangsposition: Die Hütchen werden aufgebaut, wie die „Sechs" auf einem Würfel. Jeder Spieler darf sich horizontal zwischen seinen Hütchen Bewegen. Der Ball ist bei einem der Spieler an den äußeren Hütchen.

Ablauf & Skizze: Die beiden äußeren Spieler versuchen, sich den Ball zuzupassen. Der Spieler in der Mitte muss nur anhand der Blicke des ballführenden Spielers versuchen, den Ball abzufangen und den Pass zu verhindern.

Sonstiges: Die Schwierigkeit der Übung kann durch die Veränderung der Abstände zwischen den Spielern angepasst werden.

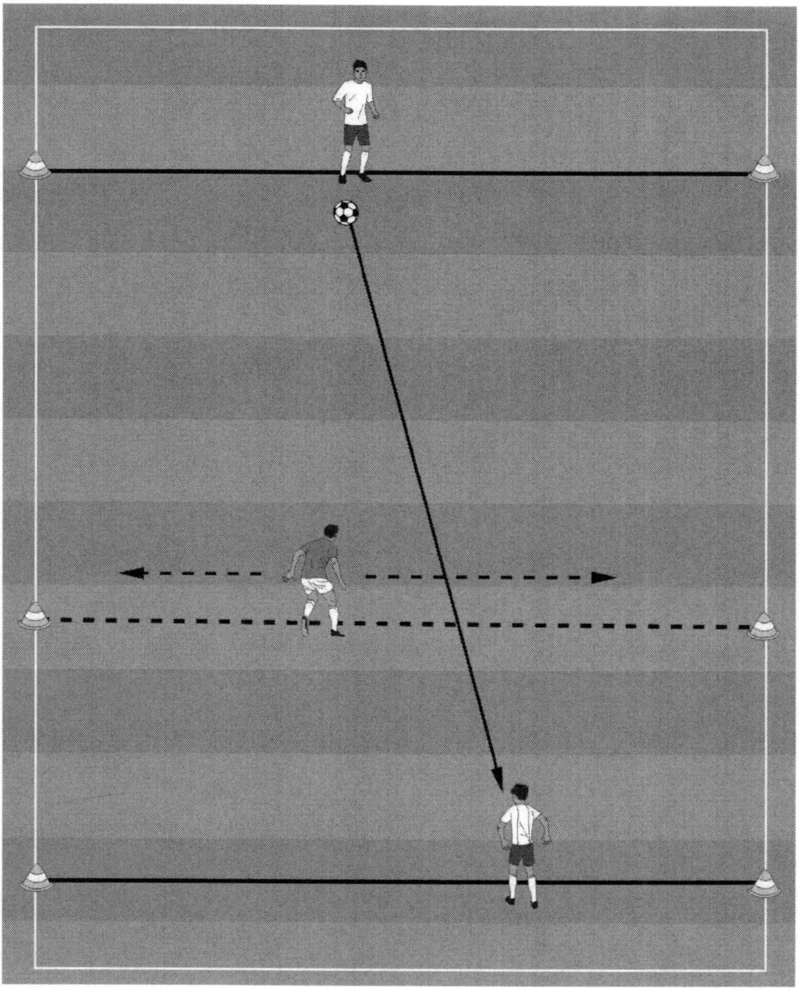

VARIANTE

Die Übung kann durch einen weiteren Gegenspieler erweitert werden, der sich seitlich der Spieler vertikal bewegt und so beispielsweise den Außenverteidiger simuliert. Wenn der Ball zu diesem Spieler gespielt wird, muss der Spieler in der Mitte versuchen, rechtzeitig in den Zweikampf zu kommen. Somit hat man die Aufgaben des äußeren Mittelfeldspielers in eine Übung gepackt.

4. ÜBUNG: MITTELFELDPRESSING IM 6 GEGEN 6

Material: 8 Hütchen, 2-3 Minitore, Tor, Bälle
Spieleranzahl: 12 + Torwart

Aufbau & Ausgangsposition: Die angreifende Mannschaft besteht aus der Viererkette und zwei Sechsern, die verteidigende Mannschaft aus der ersten Abwehrreihe und den beiden Sechsern. In der Mitte der Grundlinie befinden sich zwei oder drei Minitore als Passtore, außen jeweils ein schräges Dribbeltor. Die Minitore ersetzen die Stürmer, die angespielt werden sollen, die Dribbeltore belohnen ein Vorbeigehen des Außenverteidigers. Vier Hütchen markieren die Pressingzone. Gegenüber ist ein normales Tor mit Torwart aufgebaut.

Ablauf & Skizze: Die offensive Mannschaft versucht entweder über außen durch das Dribbeltor zu dribbeln oder ein Tor auf ein Minitor zu erzielen. Beides gibt einen Punkt. Die defensive Mannschaft versucht, den Ball in der Pressingzone nach den bekannten Mustern zu erobern und anschließend ein Tor zu erzielen.

Sonstiges: Die Verteidiger gehen erst in der Zone ins Pressing, hierbei können (bzw. sollen) auch wieder Signalwörter verwendet werden. Dabei sollte darauf geachtet werden, dass die Stürmer erst kurz hinter der vorderen Grenze der Pressingzone stehen, damit sie die Zone nicht nach vorne verschieben und es dem Gegner ermöglichen, überhaupt erst in die Zone zu spielen.

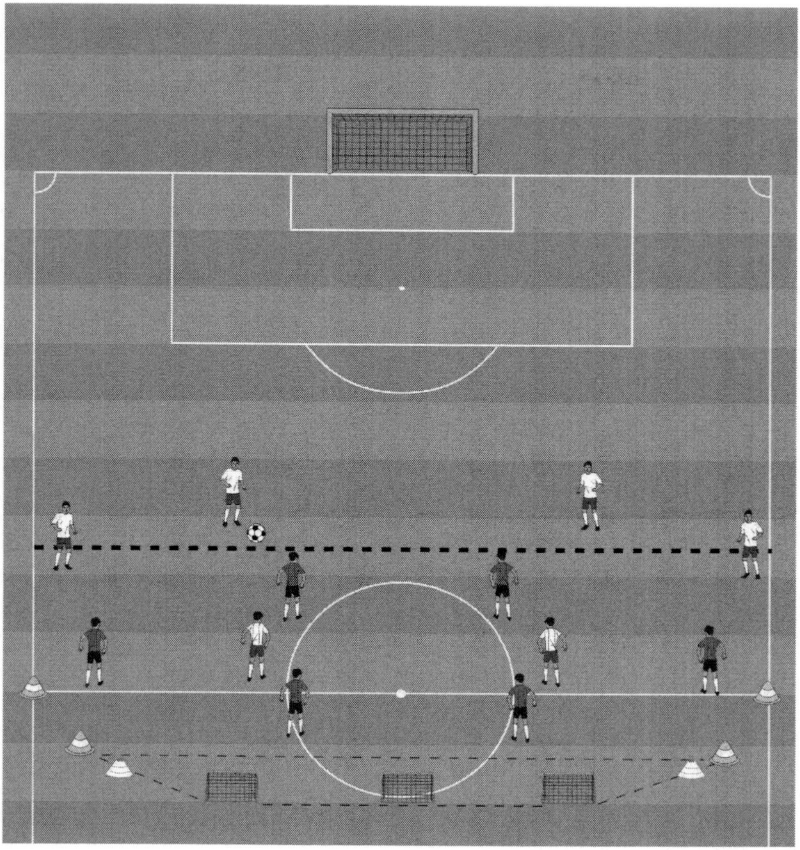

NACH DEM TRAINING IST VOR DEM TRAINING

Schaut einfach mal bei uns auf www.1x1SPORT.de vorbei. Dort gibt es neben hilfreichen Übungsvideos, Expertenwissen und Artikeln, jede Menge Trainingsinput und eBooks mit unterschiedlichen Schwerpunkten. Außerdem habt ihr dort die Möglichkeit, Teil unseres Teams zu werden und euch bei unserem (S)Portal anzumelden, um noch mehr Videos und Übungen abzustauben.

In diesem Sinne: Viel Spaß im Training und immer sportlich bleiben.

Das Video zum Buch ist jetzt als Download erhältlich.
http://www.1x1sport.de/videos/pressing-richtig-trainieren/

8887071R00020

Printed in Germany
by Amazon Distribution
GmbH, Leipzig